AF237263

Gehüllt in Farben

Carola Morast

Bibliografische Information der Deutschen Nationalbibliothek:
Die Deutsche Nationalbibliothek verzeichnet diese Publikation in der
Deutschen Nationalbibliografie; detaillierte bibliografische Daten sind im
Internet über dnb.dnb.de abrufbar.

© 2021 Carola Morast

Coverbild:
Carola Morast

Layout und Lektorat:
Ina Spang

Herstellung und Verlag:
BoD – Books on Demand, Norderstedt

ISBN: 978-3-7519-3696-5

Ein kleiner Lebensbegleiter
geschrieben in den Jahren 2018 und 2019

Vor.Wort

Immer war der Wunsch schon da
Schon mit sieben Jahren fing es an
Ein Buch zu schreiben irgendwann
Doch dann war erst was andres dran

Viele Jahre sind vergangen
Und vieles nahm mich dann gefangen
Ab und zu mal ein Gedicht geschrieben
Das eigene Buch zunächst nur Wunsch geblieben

Eine große Reise stand im Alter an
Womit dann vieles erst begann
Zunächst durch Ängste durchgegangen
Dann die pure Freude eingefangen

Die Reise fand nicht nur im Außen statt
Auch im Innern drehte sich das Blatt
So vieles, was mich vorher abgehalten
Ließ sich plötzlich dann ganz neu gestalten

Drum wenn ein Wunsch in Dir ist stark
Setz ihn um in jedem Tag
Die Angst hat keine Macht in Dir
Wenn große Freude ist bei Dir

Und Du wirst Dich vieles trauen
Mit dem großen Urvertrauen
Ich sag es mir und sag es Dir
Mach es jetzt und mach es hier

Ein großes Rätsel ist das Leben
Doch lass Dich ein auf jedes Beben
Und bleib auf Deinem eigenen Weg
Wenn Dich dabei auch viel bewegt

Nun ist der Zeitpunkt hier soweit
Ist dieses, mein eignes Buch bereit
Ich möcht jetzt mit Euch teilen hier
Zeilen von Herzen auf Papier

Bin so dankbar für die Worte
Die in mir entstanden sind
Gar nicht drüber nachgedacht
Einfach aufs Papier gebracht

Allen, die mich ermutigt haben
Diese Zeilen ins Außen zu tragen
Und mit diesem Buch den Schritt zu wagen
Möcht ich nun von Herzen «Danke» sagen

Und vor allem jetzt und hier
meiner «little family»

Anfang

Ich beginne hier
Auf diesem Papier
Das Herz geht auf
Und alles nimmt seinen Lauf

Gefühle in mir
nun lass ich sie raus
sie wollen schon lange
heraus aus dem Haus

Zu fühlen, das große Geschenk auf Erden
Es macht uns besonders in diesem Leben

Zu sein wie ich bin, von innen her
Das ist es, was ich will
Und sonst nichts mehr

Ich liebe das Leben
Ich liebe das Licht
Beides zusammen ist wie ein schönes Gedicht

Zu sehen, zu gehen
Schritt für Schritt
Und manchmal
        spielen
             die Gefühle
                    verrückt

Halt inne und horche
Was will es mir sagen
Mal Trauer, mal Schmerz, mal Freude, mal Glück
Alles wechselt sich ab wie in einem Theaterstück

Die Bühne in jedem Moment bereit
Die Gefühle bestimmen das jeweilige Kleid
Wenn wir sie lesen, wie ein gutes Buch
Dann merken wir, dass sie uns gar nichts tun

     Sie kommen durch uns
     Von uns selbst bestimmt

       Und gehen vorbei
       Wie Sonne und Wind

Bald ist er da

Genieß die Sonne
Und das Leben
Genieße, was Dir heut gegeben

Die Sonne wärmt
Die Sonne lacht
Und was sie sonst noch mit uns macht

Sie bringt uns zum Strahlen
An genau diesen Tagen
Sie erhellt jeden Raum
Wirft Schatten vom Baum

Sie weckt jedes Leben
Durch Wärme und Licht
Ganz zart wird alles wachsen
Im Sonnenlicht

Der Frühling ist nah
Und bald ist er da

Auch die Vögel im Garten
Können es kaum erwarten
Sie zwitschern ganz zart
Bereit für den Start

Der Frühling ist nah
Und bald ist er da

Zuhören

Sie sprechen mit mir
Sie reden mit mir
Sie geben mir die Worte
Auf diesem Papier

So schön, dies zu schreiben
Ich möchte jetzt bleiben
Gib mir die Worte
An all diesen Orten

Eure Worte sind schön
Sie bringen das Licht
Für all diese Menschen
Mit Liebe gemischt

Geben

Wo stehe ich
Wo bin ich
Meine Gedanken fliegen dahin
Nicht greifbar
Unendlicher Raum

Tiefe Liebe spürbar in mir
Möchte sie weitergeben
Diesen Menschen, die dort voller Trauer sind
Ihre Hände halten
Ihnen Mut zusprechen

Hier bin ich
Gedanken fliegen dahin
Nicht greifbar
Gib mir die Kraft zurückzukommen
Zu mir selbst

Die Mitte zu finden
Die Mitte in mir
Angekommen
Die Kraft zu spüren
Die Kraft zu sammeln

Und aus ihr heraus
Bei Dir zu sein
Deine Hand zu halten
Die Liebe zu spüren
Eingehüllt

Wird es ruhig in mir

Wird es ruhig in Dir

Es ist

Beginne den Morgen
So ganz ohne Sorgen
Lass ein das Licht
Für Dich und mich

Es ist, wie es ist
Drum lass los jedes Gewicht
Spür die Leichtigkeit in Dir
Sie trägt Dich jetzt hier

Beginne den Tag
Mit Freude und Spaß
Getragen vom Licht
Und Vertrauen in Dich

Es ist, wie es ist

Loslassen

Das Leben schreibt Geschichten
Das Leben besteht aus Geschichten
Veränderung in jedem Moment
Ein Gedanke
Schon Vergangenheit

Lass uns leben
Lass uns leben

Diesen Moment
Mit allen Sinnen
Spüren, fühlen, hören, riechen, schmecken
Wie reichhaltig ist das Leben
Mit allen Eindrücken
Mit allen Farben
Mit aller Vielfalt

Lass uns leben
Lass uns leben

Jeden Moment
Ihn nicht festhalten
Loslassen
Bereit sein für das Neue
Mit offenen Armen
Vertrauen und Dankbarkeit

Lass uns leben — lass uns leben

Befreiung

Die Menschen kommen, die Menschen gehen
Werden wir es jemals verstehen
Es ist ein Geschenk auf Erden
in diese Welt geboren zu werden

Lass alles los, öffne die Schranken
Öffne die Knoten in Deinen Gedanken
Spüre die Weite, die sich offenbart
Und begib Dich noch heute auf große Fahrt

Schau, was Du nicht mehr gesehen
Es war immer in Dir, jetzt wirst Du's verstehen
Lass los die kleinen und großen Sorgen
In Dir ist noch viel Schönes verborgen

In Dir wartet schon lange Dein inneres Kind
Möchte spielen mit Dir und laufen im Wind
Sieh das Schöne in jedem Augenblick
Spürt dann ganzheitlich sein großes Glück

Oh, du großes Rätsel hier auf Erden
Was wollten wir mal alles werden
Drum vergeude keine Zeit im Hier
Schreib all die Gedanken auf Papier

Wenn wir jeden Moment neu erleben
Ihm wirklich seine Aufmerksamkeit geben
Staunend und dankbar mit allen Sinnen
kann der Aufbau unseres eigenen Reichs beginnen

Erst in Gedanken legen wir das Samenkorn
Und daraus wird das Neue geboren
Drum seid Euch Eurer Gedanken bewusst
Die schön sein können wie mein Lieblingsbild „Der Kuss"

O

Ich höre Dein Atmen

Die Vögel, sie zwitschern
Die Steine, sie glitzern
Die Wärme ist spürbar
Die Sonne strahlt klar

Die Bienen, sie summen
Die Hummeln, sie brummen
Die Knospen, sie sprießen
Die Blumen, sie grüßen

Die Augen geschlossen
Welch Ruhe am Morgen
Ich höre Dein Atmen
Dein Arbeiten im Garten

Ich höre den Rechen
Und wie die kleinen Äste brechen
Das Laub ist ganz trocken
Und der Frühling will locken

Welch Ruhe am Morgen
So ganz ohne Sorgen
In diesem Moment
Ein großes Geschenk

Ich liebe die Sonne
Mit all ihrer Wonne
Die Wärme, das Licht
Der Natur wohl schönstes Gedicht

Die Worte so kostbar
Aneinandergereiht
Und dann
Für einen ganzen Satz bereit

So möchte ich hier sitzen
Eventuell auch schwitzen
Genieße die Zeit
Genau diesen Moment

Denn es kommt nicht zurück
Dieses ganz kleine Glück
Die Sonne ist da
Und Freude so nah

In jeder Zelle

Dieser Moment ist
Gefühle wühlen auf
Lass sie zu
Sie sind ein Teil von Dir

Nimm sie an
Lausche
Und wie sie gekommen
So gehen sie

Alles beruhigt sich
Der tobende Fluss
Nach einem starken Sturm
Schließe die Augen, Dein Atem trägt Dich

Geborgen, gehüllt in Liebe
Sie ist immer da
Spüre, fühle
Wie sie sich ausbreitet, mit einem Lächeln

Nicht greifbar
Doch spürbar
So vertraut
Und doch manchmal so fern

Alles in Dir
Spüre ihr nach
So vertraut
Gib ihr Raum

In jeder Zelle

Spürbar, fühlbar

So zart, so stark

Die Liebe

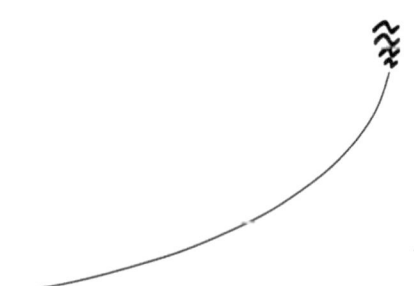

Nimm diesen Moment

Jeder geht seinen ganz eigenen Weg
Wohin er auch geht
Und oft ist es ein Weg
Den man zuerst nicht versteht

Lass los alle Sorgen
Und denk nicht an morgen
Nimm diesen Moment
Wie ein großes Geschenk

Denn das, was wir haben
In all unseren Tagen
Die Liebe in Dir
Ist immer im Hier

Manchmal verloren
Doch für jeden auserkoren
Hab jetzt den Mut
Lass los alle Wut

Spreng jetzt alle Ketten
Es bedarf keiner Wetten
Die Liebe ist hier
Ist wirklich in Dir

Sie breitet sich aus
Wie in einem Haus
Gib ihr diesen Raum
Und es ist wie ein Traum

Genau diesen, den Du schon so lange hast
Und manchmal verpasst
Jetzt ist diese Zeit

Du bist bereit!

Sein

Die Liebe,
das Leben

Alles, was uns
    hier gegeben

        Zu leben, ganz
            Ohne Schein

        Und bereit sein fürs

            «einfach
                    Sein»

Gedeihen

Es ist eine Frau
Die hat einen Garten
Dort wachsen Blumen
In besonderen Farben

Sie hat den Schlüssel
Für den Weg ins Licht
Denn sie wartet geduldig
Bis alles soweit ist

Alles braucht seine Zeit
Bis es ist bereit
Und auch zwischendurch
Um auszuruhen

Der Samen in der Erde
Ganz zart und klein
Braucht Licht und Liebe
Um zu gedeihen

So einmalig jede einzelne Blume hier ist
Genauso bist Du in diesem Universum
Ein besonderes Licht

Gehüllt in Farben

Lass mich gehen
Lass mich stehen
Und lass mich sehen
Das Licht in mir
Das Licht in Dir

Es erfüllt das Haus
Und geht hinaus
Erfüllt alles mit Liebe
Die Freude in mir
Die Freude in Dir
Breitet sich aus

Sichtbar durch Farben
Wie ein Poncho, den wir tragen
Mit allen Momenten
Bestickt mit Ornamenten

Lass mich gehen
Lass mich stehen
Und lass mich sehen
Das Licht in mir
Das Licht in Dir

Und lass mich wagen
Jeden neuen Moment
An allen Tagen
Eingehüllt in Farben

Sie ist

Ein Moment der Stille
Der Himmel färbt sich rot

Ganz langsam ziehen die Wolken
Nichts bleibt wie es ist

Veränderung
Nichts können wir festhalten

Nur die Liebe, sie ist
Ist da in jedem Moment

Sie bleibt und ist ...

Phantasie

Ich lass die Sonne in mein Herz
Sie erhellt dann jeden Schmerz
Und die Erde unter meinen Füßen
Lässt mich die Verbindung mit ihr spüren

Ich begrüße diesen neuen Tag
Mit offenen Armen und viel Spaß
Und weil er mich so gerne mag
Wird es wieder ein besondrer Tag

Ich sehe die Farben um mich rum
Und die Pflanzen, wie sie wachsen
Lass meiner Phantasie jetzt freien Lauf
Tiere und Skulpturen werden draus

Die Sonne wirft nun Schatten an die Wand
Bewegte Bilder entstehen kurzerhand
Sie festzuhalten ist vergebens
Grad gewesen, schon vorbei
Jeder Augenblick entsteht ganz frei

Ich spüre den Wind auf meiner Haut
Höre jeden kleinen Laut
Selbst das Zwitschern in der Ferne
Das alles hab ich doch so gerne

Das Herz versteht

Wir wurden zu Euch hingeführt
Und dann im Herzen stark berührt
Es ist ein ganz besonderer Ort
Und viele wollen nicht mehr fort

Menschen finden hier zusammen
Die sich vorher noch nicht kannten
Freundschaften entstehen neu
Hier ist keiner wirklich scheu

Geschichten werden frei erzählt
Wenn mancher sich auch nicht versteht
Die Sprache, die ist nicht mehr wichtig
Das Herz versteht schon alles richtig

Ihr nehmt jeden auf wie einen Freund
Es ist ein Ort, von dem man träumt
Was ich ab heut im Herzen trage:
Die Erinnerung an wunderbare Tage

Es war so schön, bei Euch zu sein
In diesem hellen Sonnenschein
Wir sagen danke für dies Glück
Und kommen bestimmt
bald
wieder
zurück.

Vertrauen

Wenn die Sonne gerad nicht lacht
Und Dir etwas schwer zu schaffen macht
Dann vertraue jetzt und hier
Auf die große Kraft in Dir

Nimm den Blick zurück vom Außen
Hör nicht auf die Töne, die sind draußen
Schau jetzt ganz in Dich hinein
Und fühl Dich niemals ganz allein

Viele kleine und große Zellen
Wollen sich in Dir erhellen
Gib ihnen Liebe, gib ihnen Licht
Wie ein schönes kleines Gedicht

Lass das Außen einfach sein
Vergiss nicht Deinen inneren Schein
In Dir einst so tief geboren
Ein großer Schatz, der nie verloren

Lass die Liebe in Dein Herz
Fülle es nicht weiter mit mehr Schmerz
Denn die Liebe bringt zurück
Hier und Jetzt Dein Lebensglück

Sprenge alle diese Türen
Mach es leicht, wenn auch mit Mühen
Lass das Alte einfach los
Und freu Dich auf das Neue bloß

Vertraue dieser Kraft in Dir
Denn sie ist jederzeit bei Dir
Freu Dich auf den neuen Tag
Weil er Dich doch so gerne mag

Wohin

Wohin mit diesen Gefühlen
Die mich so sehr aufwühlen
Trauer und Schmerz berührt mein Herz

Ich weiß, es gehört zum Leben
Anfang und Ende ist uns gegeben
Und keiner weiß, wo fängt es an
Und wann ist man mit Gehen dran

Genieß jetzt jeden Augenblick
Kein Moment kommt je zurück
Sehe den Himmel über mir
Weite tut sich auf im Hier

Lass uns heute daran denken
Unsere Lieben sind in anderen Welten
Und im Herzen stets verbunden
Wird so manches überwunden

Energien fließen frei
Die Orte dabei einerlei
Licht und Liebe wollen wir schenken
Und an das Gute denken

Dankbarkeit erfüllt unser Herz
Und wandelt um so manchen Schmerz
Freude über jeden Augenblick
Die wir hatten, schauen wir zurück

Schau Dir diese Welt dort an
Wie sie sich verändern kann
Ein Kommen und Gehen
Irgendwann werden wir es verstehen

Vorwärts

Lass uns gehen
Lass uns streben
Lass uns immer weitergehen

Lass uns staunen und vertrauen
Lass uns sehen diese schöne Welt

Möcht sie sehen und verstehen
Jeden Eindruck voll genießen
Soll mir zeigen Farben, Klänge
Alles in der großen Menge

Lass mich riechen
Lass mich schmecken
Alle Sinne in mir wecken

Lass mich hören
Lass mich fühlen
Und darüber so viel neu entdecken

Öffne ich jetzt noch mein Herz
Für diese wunderbare Welt
Mit Vertrauen vorwärtsschauen
Und mich alles immer trauen

Balanceakt

Schatten und Licht sind hier in mir
Beides schreib ich nun auf dieses Papier
Gegensätze ziehen sich an
Nehmen mich in einen Bann

Alles dies gehört zu mir
Alle Facetten sind in mir
Vereint sich alles in mir drin
Und bekommt durch Liebe einen neuen Sinn

Diese lass ich in mein Haus
Und alles gleicht sich somit aus
Welch große Kraft doch in mir wohnt
War sie gar nicht mehr gewohnt

So wie der Himmel blau und klar
Als Gegenseite zur Erde ist da
Gemeinsam sind sie unzertrennlich
Drum geh ich diesen Weg

Unendlich

Höhenangst

Was will es mir sagen
In diesen Tagen
Diese Unruhe jetzt hier
Mit Traurigkeit in mir

Gemischt mit Gefühlen
Die um mich passieren
Ich weiß nicht woher
Doch sind sie meiner Herr

Ich lass alles los
Leg nichts in den Schoß
Schick alles ins Licht
Mehr will ich doch nicht

Möcht bei mir nur sein
In ganz hellem Schein
Hoffnung und Vertrauen
Darauf will ich bauen

Dann geh ich nun weiter
Wie auf eine hohe Leiter
Mit Liebe in mir
Komm ich dann zu Dir

Wir halten zusammen
Ohne zu klammern
Mit Leichtigkeit und Glück
Bereit für jedes neue Stück

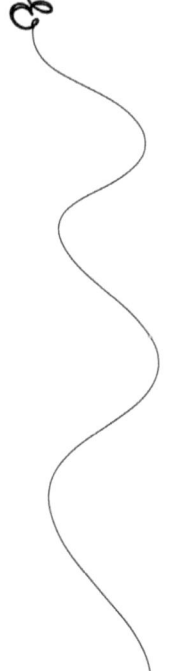

Wolkenriss

Und wenn ich hier stehe
Und wenn ich Dich sehe
Dann weiß ich genau
Wohin ich noch gehe

Lass mir das Leben
Mit allen Farben
In jedem Moment
Will ich's erleben

Diese Momente
Niemals vergessen
Die Fülle
Ist sichtbar
In Dir und in mir

Leuchtende Farben
Manchmal vom Wetter getrübt
Doch die Sonne
Erhellt jedes Gemüt

Ein Lächeln
Ein Blick
Gib frei diesen Blick
Hinaus in die Welt

Wach

Die Begegnungen des Lebens
Sind niemals vergebens
Sie haben ihren Sinn
Drum schau genau hin

Sie spiegeln uns wider
Das Auf und das Nieder
Gib uns diese Kraft
Wenn die Weisheit erwacht

Jeden Schritt weitergehen
Und das Leben verstehen
In Liebe und Licht
Und mit Leichtigkeit vermischt

Liebe das Leben
Was Dir hier gegeben
Es ist Deine Zeit
Sei dazu bereit

Stromboli

Türkises Wasser weit und breit
Soweit der Horizont auch reicht
Die Wellen schlagen vor, zurück
Was doch für ein großes Glück

Die Felsen ragen aus dem Meer
Erzählen Geschichten und noch mehr
Man muss nur ganz genau hinhören
Wie Gesang klingt es in meinen Ohren

Ich hör die Stimme in mir drin
Sie sucht nach ihrem Lebenssinn
Türkis, das ist die Farbe mein
Und Liebe ist es, auch sie ist mein

Die Möwen fliegen übers Meer
Das Wasser funkelt immer mehr
Und dort hinten ragt hoch hinaus
Stromboli am Horizont

Übersprung

Das Glück ist in Dir
Spüre es, fühle es
Langsam, ganz langsam zeigt es sich
Möchte nur ein bisschen Aufmerksamkeit

Lausche und es erwacht
wie eine kleine Blume
Die sich langsam entfaltet
Das Glück wohnt in Dir

Manchmal zugeschüttet mit so Vielem
Gib diesem kleinen Funken Glück Raum
Und es kann brennen
Wie die Sonne am Himmel

Leuchten, wärmen, strahlen
Und umso mehr es sich in Dir ausweitet
Umso mehr strahlst auch Du
In Deinem Licht

In diesem ganz kostbaren Licht
      Und es breitet sich aus
            Über Deinen Körper hinaus

Schau die Sonne in Dir

Schau die Sonne in Dir
Sie strahlt, sie lacht
Und ist immer ganz wach
Lass sie hinaus aus Deinem Haus

Schließ sie nicht ein
Denn jeder freut sich
über ihren hellen Schein
Wärme in Dir

Nimm alles mal wahr
Ganz tief in Dir drin
Ist dieses Geschenk
Pack es aus und vertraue dem Lauf

Flussaufwärts

Beginn Deinen Weg
Egal, wo Du stehst
Vertraue Dir selbst
Denn Du hast die Kraft
Die alles möglich macht

Und wenn dieser Schmerz
Berührt jetzt Dein Herz
Dann will er Dir sagen
Genau in diesen Tagen
Lass los Deinen Kummer

Nimm an diesen Wink
Denn er will Dir nur zeigen
Und Dein Herz wieder erweitern
Besinn Dich auf Dich
Und folge dem Licht

Es ist, wie es ist
Drum hadere nicht
Die Kraft ist in Dir
Im Außen die Begleiter
Doch Du gehst den Weg

Bestimmst Richtung und Zeit
Sei genau jetzt bereit
Und schau nicht zurück
Und wage den Schritt
in Dein neues Glück

Kopfgeflüster

Was ist denn nur gerade los mit mir
Ich bin doch einfach nicht im Hier
Es hat mich etwas weggezogen
Ich bin nun nicht mehr ausgewogen

Lass der Angst nicht ihren Raum
Ist doch alles nur aus Schaum
Will mich in die andere Richtung tragen
Und mir wirkliches Glück entsagen

Ich lass sie los und lass sie gehen
Und lass es wirklich jetzt geschehen
Denn es ist nur Illusion
In mir drin, da weiß ich's schon

Die Liebe ist so stark in mir
Ich gehe weiter für ein Wir
Bin so viele Wege schon gegangen
Und wurde öfters eingefangen

Die Angst in mir hat ihren Raum
Ich nehm sie an wie einen Traum
Sie nimmt mich jetzt nicht mehr gefangen
Drum werd ich jetzt ganz neu anfangen

Klarheit

Es ist dieser Weg
Den mancher nicht versteht
Doch diese Liebe in mir
Führt mich auch zum Wir

Lass los alle Fesseln
Die ich je besessen
Die Zeit ist jetzt reif
Drum bin ich bereit

In Freude und Leid
Bin ich bereit
Den Weg zu gehen
Und das Licht zu sehen

Eingeschlossen in ein Wir

Neue Wege kannst Du gehen
Und dann alles neu verstehen
Nicht in alten Mustern stecken
Sondern Neues jetzt entdecken

Diese Kraft, die in Dir wohnt
Bist Du gar nicht mehr gewohnt
Doch jederzeit ist sie bei Dir
Eingeschlossen in ein Wir

Besinn Dich auf die Kraft in Dir
Lass ihr Raum und lass ihr Zeit
Denn sie ist in Dir bereit

Wartet auf den kleinen Funken
Hat schon so oft in Dir gewunken
Gib nie auf und geh voran
Dann zieht Dich alles in diesen Bann

Liebe, Glaube und die Kraft
Ist es, was Dich glücklich macht
Ein Versuch ist es doch wert
Und Du erklimmst den nächsten Berg

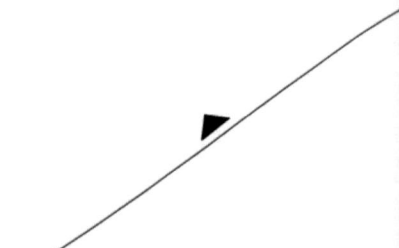

Sternentanz

Ist so schön, wieder hier zu sein
In so hellem Sonnenschein
Wärme auf der Haut zu spüren
Und so viel in mir zu fühlen

Danke für diesen schönen Augenblick
Angereichert mit einem Aperol Spritz
Ist ein Platz hier voll Magie
Strahlend blauer Himmel über mir

Wie ein Kind, was neu geboren
Lausche ich mit offenen Ohren
Diesem Rauschen des weiten Meeres
Als hätte es nie etwas anderes gegeben

Sieh das Funkeln auf dem Wasser
Wie kleine Sternchen in Zeitraffer
Der Tag neigt sich dem Ende zu
Und ich sag danke jetzt im Nu

Lieblingsort

Schau das Wasser, wie es bricht
Schau der Sonne helles Licht
Schau die Wellen vor, zurück
Jeder Tag in neuem Glück

Eins zu sein in diesem Moment
Und ein Teil zu sein in einem Ornament
Ja, die Seele spricht mit mir
Ist ein schöner Ort im Hier

Unendliche Weite liegt vor mir
Geckos spielen auf Papier
Meeresrauschen wie ein Klang
Schattenspiele auf der Bank

Wie ein Ort mit Magie geboren
Dringt Musik in meine Ohren
Wärme fühl ich auf der Haut
Du mein schöner Lieblingsort

Türkises Wasser weit und breit
Wie ein schönes Sommerkleid
Danke für diesen Augenblick
Wie ein wunderbares Glück

Saudade

Der Urlaub geht zu Ende
Und es bewegt mich gerade ohne Ende
Schau Dir nur den Himmel an
Wie dies einmalige Licht sich verändern kann

Der Tag neigt sich dem Ende zu
Und alles kommt jetzt eh zur Ruh
Die Wellen gehen vor, zurück
Es klingt wie ein gleichbleibendes Stück

Sieh das Licht am Horizont
Ein kleiner Punkt und sichtbar doch
Das Meer, du großes Geheimnis hier
Ich komm bald wieder zurück zu Dir

Ziehst mich in Deinen großen Bann
Lässt mich nicht los, nirgendwann
Ich komme wieder
Das versprech ich Dir

Bin dankbar für die Tage hier
Fühl mich niemals getrennt von Dir
Wie ein Teil von Dir in mir
Bleibt auch immer ein kleines Stück von mir auch hier

Du bist gewachsen

Ich liege hier auf Deinen Armen
Und werde gut von Dir getragen
Die Sonne scheint mir ins Gesicht
Was ist das doch für ein helles Licht

Die Wärme spür ich auf der Haut
Ist mir alles so vertraut
Die Finger spielen mit dem Gras
Wie sehr ich das hier alles mag

Du, der Baum, der einmal klein
Ist gewachsen groß und fein
Wind und Sturm sind Dir egal
Bist für uns doch immer da

Morgens, wenn ich früh aufstehe
Freu ich mich, wenn ich Dich sehe
Hab vor langem angefangen
Dich zu umarmen in Gedanken

Im Sommer trägst ein grünes Kleid
Im Herbst bist Du fürs Loslassen stets bereit
Im Winter folgt die Ruhezeit
Im Frühling dann für Neues bereit

Zeigst uns, wie Leben hier entsteht
Und es doch immer weitergeht

Sommermelodie

Die Tage sind vergangen
Ich fühle mich gefangen
Jeder noch so kleine Augenblick
Hat in mir etwas verrückt

Erfüllt von Musik und Worten
Seid ihr jetzt an anderen Orten
Doch etwas bleibt von Euch zurück
Das mich doch ganz stark beglückt

Schöner konnte es nicht sein
Denn wir hatten Sonnenschein
Wärme auch auf meiner Haut
Und Ihr spieltet für mich auf

Dieser Klang und diese Stimme
Unter freiem blauen Himmel
Und ich denke gern zurück
An so jedes einzelne Stück

Diese Momente mit Euch allen
Bleiben jetzt in mir gefangen
Bin so dankbar, sie zu haben
Sind in mir wie bunte Farben

Und wieder ist mein Poncho mehr bestickt
Mit jedem noch so kleinen Glück

Seelenverwandt

Tief verbunden im Inneren
Doch jeder bestimmt, sich selber zu finden
Dies Leben gemeinsam begonnen
Das Netz der Muster weitergesponnen

Die Wege gegangen
Oft in alten Mustern gefangen
Viel Kummer und Schmerz
Ging uns oftmals ans Herz
Doch genau in dieser Zeit warst Du immer bereit

Du bist mir so nahe
Ganz ohne Frage
Doch jeder schreibt hier
Seine eigene Geschichte wie auf Papier

So verschieden und doch gleich, im Herzen vereint
Das Spiel des Lebens niemals vergebens
Denn diese Aufgaben, die wir hier haben
Werden uns immer weitertragen

Sie lassen uns wachsen
Getragen vom Licht mit Liebe vermischt
Und jeder von uns geht seinen ganz eigenen Weg
Von Licht und Liebe getragen
In all diesen Tagen

Du bist, wie Du bist
Geboren im Licht
Schau niemals zurück
Und schaue aufs Glück

Bei mir

Ich möchte hier liegen
In Deinen Armen mich wiegen
Ich möchte mich spüren
Mit allen Gefühlen

Ich bin jetzt bereit
Für die ganz große Zeit
Ich lass alles los
Und weiß, mir fällt nichts in den Schoß

Ich öffne mein Herz
Lass los allen Schmerz
Von Liebe getragen
Werd ich es jetzt wagen

Neue Wege zu gehen
Und manches besser verstehen
Ich bin so gespannt
Wie auf ein neues Land

Schau in die Natur
Sie zeigt es uns pur
Sie nimmt ihren Lauf
Und gibt niemals auf

Ich geh meinen Weg
Wenn's auch nicht jeder versteht
Ich bleib mir jetzt treu
Damit ich nichts bereu

Jeden Schritt, den ich geh
Muss ich nicht immer verstehen
Doch mit Liebe und Licht
Wird es immer wie ein schönes Gedicht

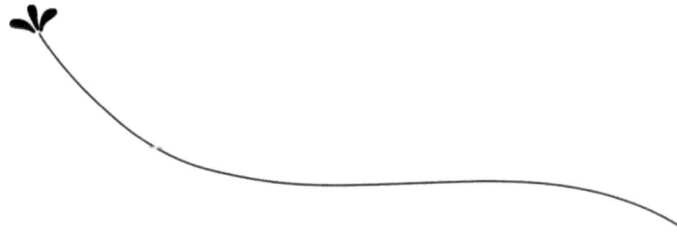

Süßer Übermut

Ich möchte schreiben so viel mehr
Und dazu malen das große Meer
Geschichten zu leben hier geboren
Wir sind dazu stets auserkoren

So vieles jeden neuen Tag entdecken
Und Neugier dadurch stets erwecken
Es ist in mir ein großer Schatz
Den ich jetzt endlich leben mag

Das Außen inspiriert mich sehr
Doch in mir ist noch vieles mehr
Ich bring es auf ein Blatt Papier
Für mich jetzt und das große Wir

Lasst uns sehen diese Farben
Wenn auch die Sonne fehlt zum Strahlen
Nimm diesen Moment jetzt wirklich wahr
Denn er ist niemals wieder da

Sieh die Kinder, wie sie lachen
Und so putzige Sachen machen
Sind im Hier und sind im Jetzt
Ohne doppelten Boden, ohne Netz

Fühlen sich noch nicht gefangen
Haben ihr Leben hier gerade angefangen
Denken nicht wie wir so weit
Sind fürs große Spiel bereit

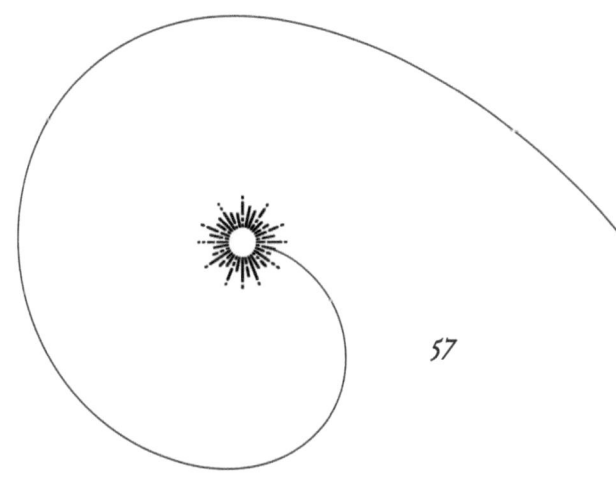

Inhaltsverzeichnis

Vor.Wort...6

Anfang...8

Bald ist er da...10

Zuhören...11

Geben...12

Es ist...14

Loslassen...15

Befreiung...16

Ich höre Dein Atmen...18

In jeder Zelle...20

Nimm diesen Moment...22

Sein...24

Gedeihen...25

Gehüllt in Farben...26

Sie ist...27

Phantasie...28

Das Herz versteht...29

Vertrauen...30

Wohin...32

Vorwärts...34

Balanceakt....................................35

Höhenangst..................................36

Wolkenriss...................................38

Wach..39

Stromboli......................................40

Übersprung...................................41

Schau die Sonne in Dir 42

Flussaufwärts................................43

Kopfgeflüster................................44

Klarheit..45

Eingeschlossen in ein Wir.............46

Sternentanz...................................47

Lieblingsort...................................48

Saudade..49

Du bist gewachsen........................50

Sommermelodie............................51

Seelenverwandt.............................52

Bei mir...54

Süßer Übermut.............................56